Faraones de Silicon Valley

[cāpsula]

Irene Cordón i Solà-Sagalés

Faraones de Silicon Valley

Una [cāpsula] sobre el antiguo Egipto,
el poder y la tecnocasta

Primera edición: marzo de 2026
© De los textos: Irene Cordón i Solà-Sagalés, 2025
© De la traducción: Amàlia Medina Martín, 2026

© De esta edición:
Abacus Futur S.L.
Cápsula
Carrer del Peu de la Creu, 4
08001 - Barcelona

Cápsula es una colección de ensayo breve de Now Books.

Dirección editorial: Joan Carles Girbés
Edición: Raquel M. Martínez
Edición de mesa y producción: Neus Duran y Mar Meruelo
Diseño: Marc Cubillas
Fotocomposición y corrección: Moelmo
Impresión: Romanyà Valls

ISBN: 978-84-16245-97-0
Depósito legal: B 2744-2026

Índice

Prólogo

Nunca he entendido la admiración desmedida por los faraones de Egipto. No eran dioses. No eran héroes. Ni especiales. Ni mejores. Eran hombres con un ego desbocado. Eran, simplemente, humanos con poder. Y el poder —entonces igual que ahora— siempre tiene un precio. Eran reales, de carne y hueso, con delirios de grandeza, una sed infinita de dominio y una habilidad extraordinaria para rodearse de piedras eternas mientras el pueblo, anónimo y olvidado, picaba roca bajo un sol implacable.

He pasado media vida estudiándolos, siguiendo el rastro de sus tumbas, leyendo sus inscripciones, recitando sus nombres como si fueran oráculos. Y un día, sencillamente, me cansé. No porque no sean fascinantes, sino porque la fascinación no puede estar por encima de la verdad.

No escribo este ensayo para alimentar fantasías de película, ni para repetir el discurso domesticado que ha pasado por tantos libros de divulgación. Lo escribo para explicar lo que he visto, lo que he aprendido y lo que no me han querido enseñar. Porque la historia de Egipto no necesita ser idealizada: tal como es, ya es fascinante. Pero no como nos la han vendido. Porque, seamos claros: cuando pensamos en un faraón, todavía nos imaginamos algo como una mezcla de Charlton Heston, Moisés y James Bond. Y no, no iba por ahí la cosa.

De entrada, hay que decir que ni siquiera se les llamó «faraón» hasta mediados del siglo XIV a. e. c.[1] Antes de eso, los soberanos de Egipto eran conocidos como *nesu*, como *hem*, como «Horus vivo», pero no como faraones. Este título, que significa literalmente «Casa Grande», hacía referencia en un inicio al palacio real y no a la persona que gobernaba. Es lo mismo que hoy

---

1. a. e. c. es la forma abreviada de la expresión «antes de la era común», denominación alternativa para no recurrir a términos religiosos (antes y después de Cristo).

decir «la Zarzuela» para referirnos a los monarcas españoles o «la Casa Blanca» para el presidente de Estados Unidos: una metonimia que con el tiempo ha acabado identificando la institución con la figura que la encarna.

La imagen que nos hemos formado de este personaje histórico es el resultado de siglos de propaganda, de intereses y de reconstrucciones sesgadas, que han querido convertir al faraón en una mezcla de semidiós y monarca iluminado. Pero la realidad es otra: los faraones eran gobernantes autocráticos, ambiciosos, egocéntricos, a menudo despiadados y obsesionados con el poder y el control. Lejos de ser figuras cercanas al pueblo, vivían rodeados de una cúpula de cortesanos, burócratas y generales que no dudaban en traicionarse unos a otros para escalar en la jerarquía del poder.

No obstante, no todos los faraones fueron gobernantes fuertes y autoritarios. También hubo reyes de carácter débil, fácilmente manipulables por un grupo de hombres —y seguro que también alguna mujer— sin escrúpulos, que movían los hilos del poder desde las sombras. Madres, esposas, sacerdotes, visires, generales y altos funcionarios aprovechaban la falta de determinación de algunos soberanos para imponer sus propias políticas y enriquecerse a costa del reino. Estos faraones marioneta, incapaces de tomar decisiones firmes, a menudo eran relegados a un papel meramente simbólico, mientras los auténticos gobernantes ejercían el poder real desde las entrañas de la corte. Esta realidad, silenciada en muchos relatos históricos, nos muestra un Egipto lleno de luchas internas, donde el trono no siempre era sinónimo de poder absoluto.

Los historiadores, los novelistas, los medios de comunicación y hasta las producciones de Hollywood nos han querido vender una visión de los faraones idealizados, desvinculados de la realidad política y social que gobernaron. ¿Por qué nadie habla de las purgas internas, de las traiciones familiares, de los crímenes de estado y de las conspiraciones palatinas que salpicaban constantemente a la corte faraónica? ¿Cuántos soberanos fueron asesinados para apropiarse del trono? ¿Cuántos afrontaron revueltas internas provocadas por su mala gestión o su sed desmesurada de gloria? El Egipto faraónico no era una utopía, era un reino de hierro, sangre y manipulación, como tantos otros que han venido después.

¿Y qué ha cambiado? En realidad, muy poco. Cuando observamos el panorama político actual, ¿podemos decir que ya no tenemos faraones? Los grandes líderes del mundo, aquellos que controlan las economías, las tecnologías, las guerras y las ideologías, ¿no se parecen sospechosamente a los gobernantes del antiguo Egipto? ¿No tienen el mismo deseo insaciable de control, el mismo afán de divinizarse, la misma tendencia a crear un círculo de fieles y aduladores que ejecuten sus órdenes sin vacilar? Elon Musk, Mark Zuckerberg, Vladímir Putin, Donald Trump, Benjamin Netanyahu, Ursula von der Leyen… Cada uno con su estilo, cada uno con su estrategia, pero todos compartiendo el mismo espíritu de dominación.

Este libro no es una simple reflexión histórica. Es un ejercicio de análisis, una comparación necesaria entre el pasado y el presente, un grito contra la idea de que la historia es cosa del pasado. Los faraones no han desaparecido, simplemente han cambiado de nombre, de aspecto y de estrategia. Ahora bien, su esencia sigue siendo la misma: el poder absoluto, la construcción de un relato propio y la consolidación de un legado que los convierta en figuras inmortales.

En Egipto, el sol quemaba igual para todos. Pero en los templos, solo brillaba para uno. Él era el hijo del dios Re, el señor de las «Dos Tierras», el amo de todo. O eso decían. La realidad, como casi siempre, era mucho menos gloriosa.

Que dé comienzo la desmitificación.

PRIMERA PARTE

Faraones de Egipto. Dioses en la Tierra

Faraón de Egipto: más que un rey

Siempre es complicado definir conceptos aparentemente básicos. Como es la base de todo lo que sigue, hay que empezar con una pregunta engañosamente sencilla: ¿qué es exactamente un faraón?

La respuesta a esta pregunta depende en gran medida de quien la responda. Un biólogo podría decir que el faraón no es más que un *Homo sapiens*, un individuo de nuestra especie que, por una combinación genética y circunstancias históricas, accedió al poder supremo dentro de un sistema social altamente jerarquizado. Un historiador, en cambio, pondría énfasis en el papel del faraón como monarca del antiguo Egipto, un soberano que no solo gobernaba sino que también era el centro de un sistema administrativo, militar y económico complejo.

Pero ¿qué diría un filósofo del siglo XXI? Quizás argumentaría que el faraón es una construcción conceptual, un ideal de poder que encarna el mito del gobernante absoluto, una figura que oscila entre la realidad histórica y la proyección simbólica de una sociedad que necesita un centro de gravitación. Un político moderno, por su parte, podría ver al faraón como una manifestación extrema del liderazgo, un ejemplo de cómo el poder puede estar concentrado en una sola persona y legitimado por estructuras religiosas y culturales.

¿Y para una persona religiosa? Para ella, el faraón podría ser mucho más que un simple gobernante terrenal; sería la encarnación de lo divino, un intermediario entre los humanos y las divinidades, aquel que mantiene el orden cósmico y garantiza el equilibrio de la creación. En este sentido, el faraón no es solo una figura histórica, sino también una manifestación de un sistema de creencias que trasciende el tiempo y el espacio.

Así pues, la figura del faraón se puede entender de muchas maneras: como un líder político, una encarnación divina, un símbolo del orden o hasta una simple pieza dentro de un engranaje de poder y control social. Todo depende de la perspectiva desde donde se mire. Esta complejidad es, en sí misma, una de las claves para entender el fascinante legado de los faraones y el papel que desempeñaron en la historia de la humanidad.

Situémonos ahora en el contexto histórico y geográfico para comprender mejor esta figura. Los faraones reinaron en una región estratégicamente situada al nordeste de África, a lo largo del río Nilo, que proporcionaba el agua y los recursos necesarios para el desarrollo de una de las civilizaciones más duraderas e influyentes de la historia. Egipto, con sus desiertos extensos y su valle fértil, vio nacer un sistema político centralizado que se mantuvo durante más de tres mil años, desde la aparición de las primeras dinastías (*c.* 3100 a. e. c.) hasta su incorporación al Imperio romano (año 30 a. e. c.). Su posición geográfica no solo favoreció el aislamiento y la continuidad cultural, sino que también convirtió Egipto en un punto clave para el comercio y las relaciones con otros pueblos del Oriente Próximo y el Mediterráneo.

De las tareas del faraón

Quizás una de las mejores maneras de abordar la figura del faraón es precisamente la de intentar averiguar cuáles eran sus tareas dentro de la sociedad egipcia. Al fin y al cabo, como jefe del Estado egipcio antiguo, bien debía de tener unas funciones asignadas. Y no, no se limitaba a sentarse en un trono dorado mientras un ejército de sirvientes lo abanicaba con hojas de palmera o plumas de avestruz, a pesar de que, seguramente, también disfrutaba de muchos lujos.

La tarea fundamental del faraón era asegurar que todo funcionara en armonía, desde las estructuras políticas hasta los fenómenos naturales. Era responsable de garantizar el orden cósmico y terrenal, un equilibrio conocido como *Maat*, un concepto que abrazaba ideas como el «orden», la «armonía», la «verdad», la «equidad», el «equilibrio» y, por tanto, la «justicia».

Sin *Maat*, todo se podía hundir en el caos absoluto.

Por ejemplo, el faraón debía velar por que el río Nilo continuara con su ciclo de crecidas anuales, ya que sin ellas las cosechas fracasarían y la hambruna asolaría el reino. Si el agua no llegaba, la gente no pensaba que era una cuestión de climatología desfavorable, sino que el faraón no estaba haciendo bien su trabajo o, peor aún, que había ofendido a las divinidades.

Jurídicamente, el faraón también actuaba como juez supremo. Un ejemplo conocido de ello es Ramsés II, que según las inscripciones fue un modelo de justicia en sus decisiones. Un rey que no impartía justicia era un rey que permitía el caos, y eso era inaceptable.

Las fuentes escritas egipcias ponen énfasis en el hecho de que las divinidades se alimentaban de *Maat*, de ese orden. Y que esta *Maat* la tenía que ofrecer y garantizar el faraón de Egipto. Solo él tenía la obligación y el deber de ejecutarla. Cuando este orden se rompía, el caos se apoderaba del reino. Una revolución política o religiosa, como la que iniciaron Ajenatón y Nefertiti a mediados de la dinastía XVIII (*c.* 1335 a. e. c.) con la imposición del culto exclusivo al dios Atón, eliminando cualquier otro culto a otra divinidad, representaba una amenaza directa a la *Maat*, puesto que alteraba el sistema tradicional de creencias y desafiaba la autoridad de los sacerdotes de Amón. De la misma manera, una agresión externa, como el ataque de los pueblos del mar durante el reinado de Ramsés III, no solo ponía en riesgo las fronteras de Egipto, sino que también era percibido como una ruptura del orden divino, un signo de que el faraón podía haber perdido el favor de los dioses y las diosas.

Por tanto, un faraón no solo era un gobernante, sino también un administrador, un juez, un sacerdote e incluso, en cierto modo, un meteorólogo divino. Cuando las cosas iban bien, se veneraba como un ser casi divino; cuando iban mal, podía ser señalado como responsable del desastre. Esta presión constante explica por qué muchos faraones dedicaban tanto esfuerzo a construir templos y monumentos en honor a las divinidades: no solo era cuestión de fe, sino también de *marketing* político.

Ahora bien, ¿es realmente acertado hablar de *marketing* político cuando hablamos de los faraones? Si nos sinceramos, quizá no tanto. La gran mayoría de la población vivía al límite de la subsistencia, con una esperanza de vida corta (la mayor parte de las personas no llegaba a los treinta años de edad) y unas condiciones de trabajo extremas. Las imágenes idealizadas que decoran las paredes de las tumbas no capturan la dura realidad diaria de los campesinos y las campesinas, que se levantaban con la salida del sol y pasaban largas horas en el campo, sometidos a un calor implacable y a la amenaza constante de plagas capaces de devastar cosechas enteras en pocas horas. Para esta gente, el faraón era una figura lejana, casi irreal. Difícilmente tenían tiempo para cuestionar su poder o reflexionar sobre su legado propagandístico. «Hoy como, mañana ya veremos», podría haber sido el lema de aquellos que vivían cerca del Nilo. Dentro de las paredes de su palacio, envuelto de lujo y rituales, el faraón probablemente tenía poco conocimiento de las preocupaciones reales de una campesina que apenas conseguía recoger lo suficiente para sobrevivir y que sabía que tenía unas probabilidades altísimas de morir durante el parto. Así pues, más que una estrategia de *marketing*, su imagen divina era un pilar estructural de un sistema que se perpetuaba por la necesidad de orden y estabilidad.

¿Cómo gobernaba el faraón?

Si pensamos en el faraón como un gobernante ocupado en cuestiones administrativas, tomando decisiones políticas o gestionando a diario los asuntos del Estado, probablemente nos equivocamos. No tenemos que imaginarnos a un faraón sentado en un despacho firmando documentos o haciendo reuniones interminables con sus ministros. En realidad, era suficiente su mera existencia. El faraón no tenía que gobernar activamente en el sentido en que lo haría un conde de Barcelona en la época medieval o un presidente moderno. Su presencia, su figura, ya bastaba para garantizar el mantenimiento del orden cósmico.

Su función principal era representar la conexión entre el mundo divino y el mundo terrenal. Eso significaba que muchas de sus tareas consistían en rituales religiosos destinados a asegurar el favor de los dioses. Ofrendas, procesiones, festividades religiosas y ceremonias eran una parte fundamental de su rutina. Pero, evidentemente, era del todo imposible que él, en persona, pudiera llevar a cabo los rituales diarios en cada uno de los centenares de templos repartidos por todo Egipto. Eso quedaba en manos del sacerdocio, que, a lo largo de los siglos, fue acumulando un poder considerable.

Ahora bien, el clero no tiene que ser necesariamente una entidad mala; en realidad, nunca he querido hablar de eso, pero confieso que no puedo soportar a los faraones. Los inteligentes, en mi opinión, son a menudo seres demasiado egocéntricos, mientras que los más simples se dejan manipular fácilmente. No me convence ningún faraón. ¿Qué pasa con el sacerdocio? Lo que la mayoría ve como un colectivo de figuras apagadas, grisáceas y codiciosas... Pero ¿os habéis parado alguna vez a pensar en un detalle clave? ¿Recordáis que el faraón de Egipto concentraba en sus manos los poderes ejecutivo, legislativo, judicial, militar y religioso? Todo el poder del país, absolutamente todo, residía en un único hombre. ¿Y eso no os parece aterrador? No hay nada más peligroso que una concentración tan grande de poder, ¿no creéis? Ahora bien, el sacerdocio… ¡Ah, el sacerdocio! Era precisamente ese contrapoder necesario para controlar los abusos de los faraones. La clave de la historia consiste en este equilibrio delicado.

Por tanto, detrás de la figura del faraón había una estructura colosal que permitía que el reino funcionara. Y aquí es donde entra en juego la burocracia. Egipto era un Estado altamente organizado y patriarcal, donde todas las funciones de gobierno estaban en manos de hombres. El faraón delegaba las tareas administrativas en altos cargos como el visir, que era su hombre de confianza y la pieza clave del sistema de gobierno. El visir actuaba como una especie de primer ministro, supervisando la justicia, la economía, la recaudación de impuestos y el funcionamiento de las provincias.

A menudo se habla de una sociedad egipcia igualitaria, pero este es uno de los grandes mitos que hay que desmontar. La estructura de poder estaba completamente dominada por los hombres. En Egipto no hubo nunca una mujer visir, ni tampoco una mujer a cargo de las haciendas estatales, que controlaban los graneros y, por tanto, la riqueza del país. Las mujeres no podían ser escribas, lo cual ya las excluía de cualquier función administrativa o de control del reino. No hay constancia de mujeres artesanas, escultoras o pintoras; todos los oficios relacionados con la producción artística y arquitectónica estaban reservados a los hombres.

Es cierto que algunas mujeres llegaron a ser faraón, pero fueron excepciones en medio de una sociedad claramente patriarcal. Las fuentes indican que solo cinco mujeres obtuvieron este título en más de tres mil años de historia (Nitocris, Nefersobek, Hatshepsut, Tauseret y Cleopatra VII), y todas ellas tuvieron que gobernar apoyándose en la misma burocracia masculina que había sostenido el poder de los faraones hombres. Ni Hatshepsut, por ejemplo, que reinó durante más de dos décadas, ni Cleopatra VII, la última faraón de Egipto, alteraron el orden establecido: se rodearon de hombres de confianza y gobernaron a través de las estructuras tradicionales del poder egipcio. La idea de una sociedad equitativa entre hombres y mujeres en el antiguo Egipto es un relato moderno que no se corresponde con la realidad histórica. El poder era masculino, y las mujeres, por norma general, estaban excluidas de las esferas de decisión.

Dicho esto, y volviendo al tema del gobierno, cuando se habla de faraón, no tenemos que imaginar a un soberano preocupado por los detalles administrativos o la política del día a día. Tenemos que imaginar a una figura simbólica, rodeada de un engranaje de poder formado por hombres que gestionaban el Estado mientras él oficiaba ritos, dirigía ceremonias y, simplemente, existía.

Las imágenes en los templos nos muestran siempre al faraón haciendo ofrendas a los dioses y participando en rituales sagrados. Pero debemos tener claro que estas representaciones no son fotografías de la época. Nunca debemos creer al pie de la letra lo que vemos en las paredes de los templos o las tumbas. En el antiguo Egipto, el poder de la imagen era inmenso: todo aquello que se representaba se convertía en verdad. Así, si un relieve muestra al faraón ofreciendo incienso al dios Amón, no significa necesariamente que él lo hiciera en persona. Muy probablemente, esta tarea era realizada por el sumo sacerdote en nombre del faraón, actuando como su brazo ejecutor. Pero lo que de verdad importaba no era quién ejecutaba físicamente la acción, sino que la imagen plasmada transmitiera la idea de que el faraón mantenía el orden cósmico.

Ahora bien, antes de continuar, hay que aclarar un último detalle importante sobre el faraón de Egipto. Un detalle, digamos, poco negociable: un faraón no podía ser célibe. Ni en broma. El celibato era incompatible con el cargo. En realidad, ser faraón no solo significaba gobernar el país y mantener el orden cósmico (*Maat*), sino —sobre todo— garantizar que hubiera continuidad en la corona. Y eso quería decir casarse y tener hijos. Fuera cual fuera la edad del nuevo monarca. Aunque el niño tuviera nueve años al subir al trono (como Tutanjamón), el protocolo era claro: coronación y, a continuación, matrimonio.

La primera esposa se convertía en la reina de Egipto, una figura clave para legitimar el poder y, de paso, para tener a alguien con quien compartir el peso del gobierno. Pero la cosa no acababa aquí. Un faraón sin harén era casi una contradicción en los términos. El harén —con decenas, centenares de mujeres— era la garantía de que, pasara lo que pasara, no faltarían herederos. Ramsés II, por ejemplo, dejó el listón altísimo: se calcula que llegó a tener más de trescientas mujeres. No era ninguna excentricidad ni ningún capricho romántico. Era estrategia pura. Política de la fertilidad. Porque, si el poder absoluto debe tener una función práctica, es precisamente esta: asegurar que siempre haya alguien para heredarlo. La eternidad, al fin y al cabo, también se asegura a través de las cunas.

El ritual de renovación: el *Heb-Sed*

Gobernar Egipto no era una tarea fácil, y menos aún mantener el poder durante décadas. Pero el faraón no solo tenía que demostrar que era capaz de dirigir el reino, sino que también tenía que garantizar que su fuerza y energía divina se mantenían intactas. Por eso, cuando un faraón llegaba a los treinta años de reinado, celebraba una ceremonia excepcional: el *Heb-Sed*.

El *Heb-Sed* no era una simple festividad, sino un ritual de rejuvenecimiento y renovación que permitía al faraón regenerar su poder cósmico y asegurar la continuidad de su gobierno. Esta práctica se remonta a la época predinástica y perduró a lo largo de toda la historia faraónica. El objetivo era claro: demostrar que el faraón conservaba plenamente sus facultades físicas y espirituales para continuar gobernando Egipto. No

era solo un acto simbólico, sino un aconteci-
miento de gran trascendencia religiosa y política que implicaba a todo el pueblo.

Para los egipcios, este rito o jubileo era esencial. Su concepción del mundo estaba basada
en el mantenimiento del orden (*Maat*), y la continuidad del faraón era una pieza fundamental.
Sin su renovación, se arriesgaban a un desequi-
librio que podía desembocar en el caos. Por eso, el
Heb-Sed se convertía en una necesidad colectiva, un momento en que todo Egipto reafirmaba
la legitimidad de su gobernante a través de ceremonias codificadas y rituales sagrados.

El ritual se llevaba a cabo en un espacio especialmente preparado para la ocasión. El faraón,
ante los sacerdotes, nobles y ciudadanos, pro-
tagonizaba una serie de pruebas físicas y escenas ritualizadas que incluían correr alrededor de
unas marcas territoriales que habrían simboliza-
do los límites fronterizos de Egipto, y así reafirmaba su capacidad para continuar gobernando.
También se hacían ofrendas a los dioses, procesiones y ceremonias destinadas a renovar su
conexión con las fuerzas divinas. A través de es-

tos actos, el faraón no solo reforzaba su propia autoridad, sino que aseguraba la prosperidad de Egipto y fortalecía el vínculo entre el cielo y la tierra.

La importancia del *Heb-Sed* era tal que, incluso cuando un faraón no llegaba al trigésimo año de su reinado, muchos gobernantes decidían celebrarlo de manera anticipada para reafirmar su poder. Este fue el caso de Ajenatón, o incluso de Hatshepsut, que recurrió a los símbolos de este rito para legitimar su posición como faraón. Tanto el faraón como el pueblo creían en la renovación del poder del rey porque el ritual lo escenificaba, y en esta creencia se fundamentaba la estabilidad del reino.

La iconografía real

La imagen siempre ha sido crucial, tanto en el pasado como en el presente. Nos presentamos al mundo a través de ella, y, por mucho que nos guste pensar lo contrario, los prejuicios visuales han existido y continúan existiendo.

En el antiguo Egipto, la representación del faraón mantuvo una sorprendente uniformidad durante más de tres mil años: un hombre joven, atlético, sin arrugas, sin canas, sin imperfecciones. No importaba que Ramsés II tuviera 87 años cuando hacía esculpir su imagen como la de un joven fuerte y vigoroso, ni que Tutanjamón, con solo nueve años, apareciera representado como un adulto. Hatshepsut, una de las pocas mujeres que gobernó Egipto como faraón, adoptó una imagen masculinizada en sus representaciones: sin pechos, con faldellín corto y una barba postiza, una de las insignias tradicionales del poder real. No se trataba de un engaño, sino de un código visual que transmitía autoridad y legitimidad. La cuestión no era representarse tal como eran, sino como aquello que simbolizaban: el poder eterno, la juventud y la perfección divina.

La representación del faraón no pretendía ser un retrato fiel, sino una afirmación de su papel divino y de su rol dentro del orden cósmico. No importaba lo que fuera en realidad, sino lo que simbolizaba. Ramsés II sabía perfectamente que era un hombre de edad avanzada cuando hacía esculpir sus estatuas, igual que Tutanjamón era consciente de que era solo un niño, y Hatshepsut sabía que era una mujer. Pero eso era irrelevante. No se representaban a ellos mismos como individuos, sino como aquello que eran: faraón de Egipto. Su rostro podía cambiar, pero su imagen se tenía que mantener inalterable, porque el faraón no era solo una persona, sino una institución eterna.

Por eso, había elementos iconográficos que no podían faltar nunca, imprescindibles para identificar al faraón en cualquier relieve, escultura o pintura. Estos símbolos de poder lo definían visualmente como monarca absoluto. Entre ellos, la característica barba postiza, que reforzaba su conexión con las divinidades; el faldellín ceremonial, emblema de su rango, y la cola de león colgada de la cintura, símbolo de fuerza y dominio. Sus coronas también eran esenciales: la corona blanca del Alto Egipto, la roja del Bajo Egipto o la doble corona, que representaba la unión de todo el reino. Sin embargo, el tocado más habitual era el *nemes*, el pañuelo de rayas que envolvía su cabeza y que a menudo se veía combinado con el *ureo*, la cobra sagrada que se colocaba en su frente como símbolo de protección divina y autoridad.

El faraón se representaba con frecuencia sosteniendo con las manos dos símbolos fundamentales del poder: el cetro y el espantamoscas. El cetro no era un bastón recto cualquiera; tenía la forma curvada del bastón de un pastor, aquel que sirve para conducir y proteger a su rebaño. ¿No nos recuerda, quizás, al báculo que todavía hoy lleva el papa de Roma? ¿No eran, al fin y al cabo, los faraones de Egipto los pastores de su pueblo, los guías espirituales y políticos de unas personas que se entregaban a ellos como un rebaño fiel? Al lado del cetro, el espantamoscas —ligero y flexible— completaba la imagen del gobernante: símbolo de protección, pero también de autoridad, de quien mantiene a raya todo aquello que molesta, inquieta o desestabiliza el orden establecido. Estos objetos, juntamente con su posición hierática y la expresión serena e inalterable, no dejaban lugar a dudas: aquello que se representaba no era un simple gobernante terrenal, sino la encarnación viva del poder divino sobre la Tierra.

Por tanto, no importaba quién era el faraón a título individual, ni su personalidad ni sus particularidades físicas. Lo que importaba era que se comportara como un faraón. En Egipto, el gobernante no era percibido como una persona con emociones y vulnerabilidades, sino como una institución en sí misma. Su función trascendía su identidad personal. El pueblo no necesitaba conocer sus pensamientos íntimos ni sus inquietudes: lo que importaba era su capacidad para garantizar el orden y la continuidad del reino.

Este principio recuerda a la famosa máxima atribuida a la esposa de Julio César: «La mujer del César no solo tiene que ser honrada, sino también parecerlo». Asimismo funcionaba el faraón de Egipto. No solo tenía que ser poderoso, sino aparecer como la encarnación misma del poder. No podía mostrar debilidad, dudas ni imperfecciones, porque eso habría puesto en peligro su imagen y, por extensión, la estabilidad del reino.

La imagen del faraón como ser divino no era una simple cuestión estética, sino un pilar fundamental del sistema egipcio. Su representación inmutable y perfecta tenía como objetivo reforzar la idea de que no era un hombre cualquiera, sino un dios viviente, capaz de mantener el orden cósmico y garantizar la estabilidad del reino. Esta creencia se instauró mediante rituales, arte, inscripciones y mitos, y se convirtió en una verdad indiscutible para la sociedad egipcia. El faraón no podía mostrar debilidad, porque su autoridad era el muro que contenía el caos. Mientras esta fe en su divinidad se mantuviera, también lo haría el poder faraónico.

SEGUNDA PARTE

Dioses de carne y hueso: el arte de gobernar con mitos

La invención del Rey-Dios

Desde el amanecer de las civilizaciones, los líderes han aprendido una lección fundamental: la realidad no es lo que es, sino lo que la gente cree que es. Los faraones del antiguo Egipto lo sabían mejor que nadie. No era suficiente tener ejércitos poderosos o grandes riquezas; para reinar de manera indiscutible, había que construir un relato que convirtiera al monarca en una entidad divina, intocable y eterna.

El poder de las historias es inmenso. Yuval Noah Harari, en su libro *Sapiens. De animales a dioses. Breve historia de la humanidad*, explica cómo las narrativas colectivas han permitido a los humanos cooperar a gran escala y, al mismo tiempo, han servido como herramienta de dominación. Ramsés II y Donald Trump tienen más en común de lo que podría parecer a primera vista: ambos comprendieron que la realidad política no existe independientemente de las historias que se construyen a su alrededor.

Los faraones, rodeados de un aura sagrada, gobernaban con una autoridad que trascendía la política: eran dioses vivos, o así querían ser percibidos, tanto por el pueblo como por ellos mismos. Su condición divina no solo justificaba sus decisiones, sino que cimentaba la estructura entera de la sociedad egipcia.

Algunos nombres destacan sobre los otros por su capacidad de encarnar esta idea de poder absoluto. Quéops (dinastía IV), Seqenenre-Taa II (dinastía XVII), Hatshepsut (dinastía XVIII), Ajenatón (dinastía XVIII) o Ramsés II (dinastía XIX) no solo dejaron huella por sus gestas políticas, religiosas o militares, sino también por la manera en que definieron, ampliaron o rompieron los límites de lo que podía ser un faraón.

La arquitectura monumental —pirámides, templos, obeliscos, estatuas— reforzaba visualmente esa divinidad. Estas construcciones no eran solo actos de grandeza; eran rituales petrificados, símbolos visibles del vínculo entre el faraón y las divinidades. La religión, lejos de ser un ámbito separado, se convertía en el eje legitimador del poder real, presente en cada decisión, en cada representación, en cada inscripción jeroglífica.

La idea de que un ser humano pudiera ser percibido como una divinidad sostuvo durante milenios un modelo de gobierno y una cosmovisión única. El faraón no era solo el garante del orden terrenal, sino también del equilibrio cósmico. Y esta percepción es la que modeló Egipto, su historia y su memoria.

Quéops (*c.* 2400 a. e. c.): el dios que quería subir al cielo

La fe mueve montañas. En el antiguo Egipto, la fe construyó una. La conocida como gran pirámide de Guiza, atribuida al faraón Quéops de la dinastía IV, no es solo un hito arquitectónico, ni una proeza de ingeniería milenaria. Es, sobre todo, la materialización de una creencia colectiva: la de un pueblo convencido de que su soberano era más que un hombre; que era un dios encarnado, destinado a unirse con Re, el dios sol, en la vida de ultratumba.

No se trata de rampas, ni de palancas, ni de cálculos sobre cuántos hombres eran necesarios para arrastrar un bloque de piedra. El verdadero interrogante no es *cómo* se construyeron las pirámides, sino *por qué* se construyeron. ¿Qué pensamiento, qué necesidad profunda, movilizó tantos recursos humanos y materiales para alzar una masa de piedra tan gigantesca? ¿Qué creencia puede llegar a tener más peso que dos millones de bloques de caliza? El enigma no es mecánico, sino simbólico. Lo que realmente importa es entender qué idea de mundo, de muerte y de poder hacía posible —y necesario— un proyecto de tal magnitud. La pirámide no es solo una obra de ingeniería, es una declaración de fe, una arquitectura del pensamiento. La pirámide no es solo una tumba: es una estructura para la transformación. No acoge un cuerpo, sino a un dios en potencia. Cada piedra colocada apunta al cielo, como si trazara una ruta invisible hacia la eternidad. El objetivo no es descansar, sino ascender. Un medio para unirse con Re, el dios solar, para alcanzar la plenitud divina. La pirámide funciona como una máquina espiritual, una escalera cósmica para el alma del faraón —el *ka*, en lenguaje de los antiguos egipcios—, destinada a romper los límites humanos y a instalarse, para siempre, entre los dioses.

Siguiendo la línea de pensamiento que Yuval Noah Harari expone en *Sapiens*, la sociedad egipcia se cimentaba en ficciones compartidas.

El poder del faraón no residía solo en su capacidad de mando, sino en la historia que lo rodeaba.

Quéops no era (solo) un monarca. Era el eje de un relato religioso, simbólico y emocional: era Horus en la Tierra, hijo directo del Sol, destinado a volver al cielo y brillar eternamente. La pirámide no era un mausoleo, sino una máquina de trascendencia. Un instrumento de ascensión divina. Una escalera de piedra gigantesca para un alma de Delfos. Y, a la vez, una demostración monumental de que aquel relato era cierto. Si un hombre puede levantar una montaña, es que debe de ser un dios.

Contrariamente al mito persistente de las legiones de esclavos maltratados, hoy sabemos que la pirámide fue construida por trabajadores especializados, muchos de los cuales eran campesinos y campesinas que, durante la crecida del Nilo, no podían cultivar. El río, en su anualidad, inundaba los campos y liberaba las manos. Aquella parada del ciclo agrario se transformaba en tiempo sagrado. Tiempo para construir. Tiempo para participar de una obra que no era ajena, sino colectiva. Algunos bloques de piedra de las pirámides conservan aún grafitis que nos hablan del espíritu de aquellos antiguos constructores. Se leen nombres como «La banda bebedora de cerveza» o «Los amigos de Quéops». No eran esclavos. Eran grupos de jóvenes —chicos y chicas de entre 17 y 25 años— que trabajaban en cuadrillas y que, orgullosos, dejaban constancia de su paso por aquella obra colosal. Sabemos que algunos de ellos perdieron allí la vida porque se han encontrado sus restos mortales enterrados cerca de la pirámide. Participar en aquella construcción no era solo levantar piedras; era formar parte de una obra que daba sentido al orden del mundo. Eran jóvenes que construían una montaña, sí, pero también un sueño compartido, una historia que les trascendía.

La tecnología sola no construye una pirámide. Ni una catedral. Ni una nación. Lo que realmente levanta una montaña de piedra en medio del desierto es la fe. No en un dios necesariamente, sino en una idea que trasciende al individuo. Una promesa de pervivencia, de sentido, de permanencia. Quéops no construyó un monumento para hacerse recordar. Construyó un relato que lo hacía eterno. Y su gente, colectivamente, lo hizo posible. Más allá de la piedra, la pirámide está hecha de una materia mucho más poderosa: la creencia compartida. Una montaña de fe, hecha por un pueblo que quería tocar el cielo.

No podemos ignorar, sin embargo, una cierta paradoja: todo este esfuerzo, esta movilización titánica de recursos humanos, materiales y simbólicos, por una tumba.

Una estructura que no aportaba, aparentemente, ningún beneficio tangible a la población. No regaba, no alimentaba, no protegía. Y, no obstante, ¿qué es el provecho? ¿Solo lo que es útil? ¿Las grandes obras de la humanidad —como las catedrales medievales o la Capilla Sixtina— no son, a menudo, monumentalmente innecesarias? Pero, sin ellas, la civilización sería estéril. Quizás hacen falta obras «inútiles» para alimentar el alma de un pueblo. La pirámide no servía para vivir mejor, sino para creer mejor. Esto lo denomino «la paradoja del esfuerzo inútil». La pirámide es una obra no solo de poder, sino de esfuerzo comunitario. Trabajaban por convicción, por fe, por orgullo quizá, por sentido de la participación en una empresa colectiva. Todo este esfuerzo por una tumba y para una sola persona. La pirámide no sirve para nada en términos prácticos: no riega campos, no protege fronteras. No produce alimentos, no aloja a vivos, no fabrica herramientas. Pero sí que sirve como símbolo.

De Guiza a Silicon Valley

Las grandes obras humanas a menudo no tienen una utilidad práctica inmediata, pero construyen identidad, trascendencia, sentido. En la actualidad, también vemos figuras como Quéops, revestidas de relato, poder y trascendencia. Elon Musk envía cohetes a Marte y promete liberar a la humanidad. Jeff Bezos construye una gigantesca infraestructura comercial y espacial. Mark Zuckerberg propone metaversos como nuevas realidades. Ninguno de estos proyectos es esencial para la supervivencia humana. No nos curan, no nos alimentan, no nos cobijan. Y, sin embargo, captan el imaginario colectivo. Como Quéops, estos magnates levantan pirámides: de silicio, de marcas, de datos. Y, como él, buscan la inmortalidad simbólica.

El campus de Apple Park, por ejemplo, diseñado por el prestigioso arquitecto Norman Foster, es una estructura circular casi cósmica, espectacular pero «poco práctica», diseñada no tanto para trabajar en ella como para ser venerada. Pese a que Apple promociona el edificio como ecológico y sostenible, la accesibilidad en transporte público es muy limitada. El edificio dispone de un inmenso aparcamiento subterráneo, que muchos han visto como una contradicción con el mensaje de sostenibilidad. El uso extensivo de paredes de cristal ha recibido críticas por motivos de seguridad (trabajadores que chocaban contra las paredes) y eficiencia: la luz solar intensa puede causar problemas de temperatura y reflejos, a pesar de los sistemas de control ambiental. ¿Y el coste? Más de cinco mil millones de dólares. Cinco mil millones para hacer una oficina. Ni cura el cáncer, ni soluciona el cambio climático, ni sirve café. Hasta para Apple, que nada en dinero, la pregunta es inevitable: ¿realmente era necesaria tanta grandeza? Es por eso que algunos ven el campus Apple Park más como una declaración de poder y estatus que como un espacio funcional. Igual que la pirámide de Quéops: desmesurada, innecesaria... y destinada a glorificar un solo nombre. El mismo mensaje de siempre, solo que ahora con cristal curvado y wifi.

Seqenenre-Taa II, Ahhotep y la expulsión de los hicsos (*c.* 1550 a. e. c.)

Los egipcios de la antigüedad no solo construyeron pirámides. También levantaron muros, reales y simbólicos, contra todo aquello que les parecía extranjero. Era un pueblo profundamente xenófobo, obsesionado con su identidad y con la exclusión de todo lo que no encajaba en sus cánones. Y uno de los episodios más claros y documentados de esta intolerancia lo encontramos durante la dinastía XVII, cuando el príncipe tebano Seqenenre-Taa II, su esposa Ahhotep y su hijo Amosis lideraron una auténtica cruzada para expulsar del país a los hicsos, una población de origen asiático (es decir, de Oriente Próximo) que hacía décadas que vivía, trabajaba y prosperaba en el norte de Egipto. ¿La excusa? No eran egipcios. Eran diferentes. Y esto, según el discurso oficial, los hacía peligrosos.

Hace unos 3.500 años, Egipto estaba dividido. En el norte (Bajo Egipto), en el Delta, una élite extranjera llamada hicsos controlaba el territorio desde la ciudad de Ávaris. En el sur, en Tebas, una poderosa familia local se había hecho con el control del Alto Egipto y se negaba a reconocer la soberanía de los «forasteros del norte». El conflicto era latente, pero acabaría estallando una guerra abierta y con un mensaje clarísimo: los que no eran egipcios tenían que ser expulsados del país.

Para entenderlo, es necesario dar un paso atrás. Hacia el final de la dinastía XII (*c.* 1800 a. e. c.), la autoridad central se debilitó, especialmente en el Delta. Los señores locales empezaron a actuar por su cuenta, creando dinastías propias y dejando de lado el poder del faraón. Esta situación condujo a una nueva etapa de fragmentación: lo que hoy conocemos como Segundo Período Intermedio (1800-1550 a. e. c.). Y es aquí cuando aparecen los hicsos.

Los hicsos —literalmente «príncipes asiáticos»— no eran un solo pueblo, sino una mezcla de tribus originarias de Canaán y de las tierras más al norte de Oriente Próximo (actual Siria-Palestina). No llegaron a Egipto como un ejército de invasores, sino en caravanas de familias que buscaban refugio, trabajo y un futuro mejor. Lentamente y de forma pacífica, iban entrando por el Delta y estableciéndose al norte del país. Llevaban consigo sus tradiciones, nombres semitas, costumbres diferentes… y, muy probablemente, rasgos físicos que los hacían visibles como «extranjeros». Seguramente tenían un tono de piel diferente, unos rasgos faciales que no encajaban con el canon egipcio y, hasta cuando aprendían la lengua local, lo hacían con un acento tan marcado que los delataba. Eran los «otros». Diferentes. Foráneos. Y eso no pasó desapercibido.

Con el tiempo, fueron ganando peso e integrándose, pero su presencia nunca fue asimilada del todo. A pesar de las aportaciones que hicieron —tecnología militar como los carros de guerra, caballos, arcos compuestos, instrumentos musicales como el laúd o la lira, y seguramente nuevos alimentos y productos de lujo como el vestido plisado—, seguían siendo percibidos como intrusos.

Aprovechando el vacío de poder, algunos de estos caudillos hicsos se hicieron fuertes, se organizaron y empezaron a expandir su dominio por las tierras del norte. Se proclamaron faraones (fundaron las dinastías XV y XVI), adoptaron costumbres egipcias, construían templos y gobernaban desde Ávaris como cualquier otra dinastía. Y, a pesar de ello, nunca fueron aceptados del todo.

Mientras, en el sur, una dinastía rival —la XVII, de origen tebano, contemporánea de los hicsos— se convirtió en el corazón de la resistencia egipcia. Inicialmente, las relaciones entre los dos poderes fueron tolerantes, pero con el tiempo el mensaje cambió: los hicsos ya no eran solo una potencia rival, sino una amenaza para la identidad egipcia.

El gran instigador de este cambio de discurso fue el príncipe tebano Seqenenre-Taa II. Construyó un relato nacionalista que convertía a los hicsos en enemigos de la patria. Ellos eran los «extranjeros», los que habían ocupado el territorio, los que había que combatir. Este mensaje caló profundo. La guerra que lo siguió no solo era por el poder político, sino también para «limpiar» Egipto de elementos considerados ajenos.

Seqenenre-Taa II murió en combate, con el cráneo partido por un arma hicsa. Lo siguió Kamose, que avanzó hasta Menfis, y después el joven Amosis, hijo de Seqenenre-Taa II y la reina Ahhotep, una mujer clave en la lucha. Ella lideró las tropas y organizó el asedio final contra Ávaris. Finalmente, en el año 1550 a. e. c., los hicsos fueron derrotados y expulsados definitivamente de Egipto.

Los hicsos de ayer, los inmigrantes de hoy

Este episodio histórico —que a menudo se explica como una «liberación nacional»— oculta en realidad un mensaje mucho más incómodo. El discurso xenófobo de Seqenenre-Taa II fue el primero en la historia de Egipto con tanta claridad ideológica. Un discurso que señalaba a un grupo concreto por su procedencia y lo convertía en chivo expiatorio. No se trataba solo de una guerra política, sino de una cruzada contra el extranjero, contra el diferente, contra el que no encajaba en el modelo de egipcio puro. El miedo era el arma; el odio, el combustible; y la justicia, un espectáculo de crueldad.

Este tipo de narrativa, por desgracia, nos resulta demasiado familiar; el mismo mecanismo sigue en funcionamiento y solo ha cambiado el objetivo. Hoy, líderes como Donald Trump utilizan estrategias similares para generar miedo y justificar políticas excluyentes. Trump ha fabricado un enemigo para las masas: el inmigrante. Lo ha convertido en el culpable de todos sus males. Ha construido buena parte de su discurso político demonizando la inmigración, especialmente la de origen latinoamericano. Ha repetido hasta la extenuación que «los inmigrantes nos roban el trabajo», que «son criminales», que «hay que construir un muro»… Ha construido un discurso en que los señala como una amenaza para la pureza de la nación. Trump y sus seguidores propagan la mentira de que los inmigrantes destruyen la economía, traen violencia y ponen en peligro la cultura norteamericana. La misma lógica de hace 3.500 años: «vienen de fuera, son peligrosos, hay que hacer algo».

Pero lo más irónico de todo es que, igual que los hicsos, muchos de los inmigrantes de hoy traen consigo conocimiento, cultura e innovación. Aportan gastronomía (como la comida mexicana que ahora forma parte de la dieta estadounidense), trabajo, talento, nuevas costumbres y riqueza cultural. El rechazo a todo esto no tiene un fundamento objetivo. Es un rechazo construido desde el miedo y manipulado por el poder.

Fijaos en la historia de esta estrategia: es muy antigua. Los faraones tebanos fabricaron a su propio enemigo, los hicsos. Estos gobernantes de origen asiático habían reinado sobre el Bajo Egipto durante siglos, mezclándose con la población, contribuyendo a la cultura y prosperidad del país. Pero los tebanos querían el poder absoluto, y para conseguirlo necesitaban un enemigo. Empezaron a retratar a los hicsos como un peligro para la identidad egipcia, y alimentaron un sentimiento nacionalista feroz que justificó una guerra brutal para expulsarlos. Los hicsos fueron demonizados, perseguidos y finalmente expulsados de Egipto, y los reyes tebanos, ahora faraones, consolidaron su poder con el pretexto de una victoria sobre el «invasor».

Hay que decirlo claro: una opinión ofensiva puede ser legal. Si alguien dice «no me gustan los extranjeros» o «no creo en los derechos LGTBI+», podemos rechazarlo socialmente, pero no es delito. Ahora bien, cuando se pasa de la opinión al discurso de odio —cuando se dice «esta minoría es una amenaza y hay que expulsarla»—, se está creando un clima peligroso que puede acabar en violencia real. Es aquí donde hay que poner el límite.

La historia de los hicsos nos enseña que el discurso del odio no es nuevo. Pero también nos muestra cómo se puede disfrazar de «patriotismo», de «defensa de la identidad», de «protección de la tierra». Tanto entonces como ahora, la xenofobia no solo es moralmente inaceptable, sino que nos hace perder todo lo que podríamos ganar conviviendo y enriqueciéndonos mutuamente.

Hatshepsut (c. 1490 a. e. c.): ¿símbolo del poder femenino?

Hatshepsut es uno de los nombres más conocidos del antiguo Egipto. A menudo presentada como una pionera, como un símbolo de poder femenino en una sociedad dominada por los hombres, ha sido objeto de fascinación y de interpretaciones casi románticas. Pero, si nos acercamos a ella con una mirada crítica, su ascenso y su manera de ejercer el poder nos revelan una realidad mucho más compleja —y menos idealizada— sobre la condición de la mujer en el antiguo Egipto.

Hatshepsut no accedió al trono porque el pueblo la quisiera como líder. No se abrió paso rompiendo techos de cristal con su talento ni desmontó ninguna estructura patriarcal con una rebelión feminista. Hatshepsut subió al poder porque, sencillamente, no había nadie más que pudiera hacerlo.

Enviudó muy joven. Su marido y hermanastro, el faraón Tutmosis II, murió dejando como heredero a un niño pequeño: Tutmosis III, hijo de una concubina. Como era habitual en estos casos, Hatshepsut asumió el papel de regente. Pero la regencia se alargó… y alargó. Y un buen día, Hatshepsut ya no era solo regente: era faraón. No «reina». No «madre del faraón». Faraón con todos los atributos, los títulos, las ceremonias y los símbolos masculinos que comportaba el cargo.

Para hacerlo posible, se rodeó de un aparato de poder completamente masculino. No cuestionó la jerarquía patriarcal, sino que se integró en ella. Se hizo representar con barba postiza y torso desnudo —como todo buen faraón— y consolidó su autoridad a través de grandes obras públicas y una administración fiel y eficiente. Sus colaboradores más cercanos, como Senenmut, eran hombres de confianza que sabían moverse dentro de la burocracia egipcia. Y esta estructura, este «gobierno de hombres al servicio de una mujer», fue la clave que le permitió reinar durante más de veinte años.

Como señala Kara Cooney, egiptóloga y autora de *The Woman Who Would Be King* (2014), «Hatshepsut no rompió el sistema: lo dominó. No gobernó como una mujer desafiando una sociedad patriarcal, sino como un hombre dentro de esta».[2] Es decir, no invirtió el sistema: lo dominó desde dentro, jugando con las reglas de los hombres.

Pero que Hatshepsut gobernara Egipto no significa que la mujer egipcia tuviera los mismos derechos que los hombres. Ni por asomo. Egipto era una sociedad patriarcal hasta la médula. Y el hecho de que puntualmente una mujer pudiera llegar al trono no desmentía esta realidad, sino que la hacía aún más evidente: tenían que darse una serie de circunstancias excepcionales —la muerte del faraón, un hijo demasiado joven, la legitimidad dinástica— para que una mujer pudiera ocupar un cargo pensado para hombres. E incluso así, tenía que hacerlo jugando con las reglas de los hombres.

2. Traducción de la autora a partir del original inglés.

En la vida cotidiana, la diferencia de género era absoluta. Las mujeres egipcias podían tener propiedades y divorciarse, sí, pero en ningún momento tenían acceso real a las estructuras de poder. Sus funciones estaban limitadas al ámbito doméstico y religioso. Las decisiones importantes se tomaban siempre entre hombres. Como explica Gay Robins en *Las mujeres en el antiguo Egipto* (1993), «La situación de las mujeres era paradójica: legalmente autónomas, pero socialmente subordinadas».[3]

Hay otro detalle clave que a menudo olvidamos cuando hablamos de Hatshepsut. Nosotros, hoy, damos una gran importancia al hecho de que fuera una mujer. Pero los antiguos egipcios, en realidad, no la veían así. No les importaba si era mujer, hombre, joven o viejo, cojo o atlético, gordo o delgado. Lo determinante es que era faraón. Y ser faraón no consistía solo en gobernar. Era encarnar un dios en la Tierra. El faraón no era una persona: era una institución sagrada, un símbolo vivo del orden cósmico, la *Maat*. Como

3. Traducción de la autora a partir del original inglés.

recuerda Yuval Noah Harari, «las ficciones colectivas son mucho más poderosas que la realidad individual». Da igual que Hatshepsut fuera una mujer. Lo que contaba era el cargo, la función, el papel simbólico dentro del gran relato egipcio. Y Hatshepsut entendió a la perfección este mecanismo. Por eso se hizo representar como un faraón, como un dios, como una figura eterna e inmaculada. No quiso ser Hatshepsut, mujer que gobierna. Quiso ser Egipto. Y Egipto la aceptó porque no la veía como una persona concreta, sino como una encarnación del poder divino. Eso es exactamente lo que Harari apunta cuando dice que «los humanos vivimos en realidades imaginadas»: mientras la ficción del faraón se mantuviera intacta, no importaba quién llevaba la corona. Así es como Hatshepsut pudo gobernar. No a pesar de ser mujer, sino porque supo borrar su individualidad y convertirse en símbolo.

Sin embargo, es bien cierto que, cuando murió, todo aquello que había construido empezó a borrarse. Literalmente. Imágenes y nombres suyos fueron eliminados de los templos y monumentos. Su legado fue silenciado durante generaciones. El poder le fue reconocido mientras lo ejercía, pero la memoria histórica, masculina y selectiva, la condenó al olvido. Y, pese a ello, aquí estamos, casi tres mil quinientos años después, hablando de ella. Pero merece la pena hacerlo desde la realidad y no desde el espejismo. Hatshepsut no es un símbolo de la igualdad. Es una excepción dentro de un sistema que no cambió en absoluto por su presencia. Una anomalía que, en lugar de hacer que se tambalearan los cimientos del patriarcado egipcio, sirvió para fortalecerlo.

Del antiguo Egipto a la Europa comunitaria: una mujer entre veinte hombres con americana

Porque la verdad es que el sistema continúa siendo el mismo. Pensemos en figuras como Angela Merkel o Ursula von der Leyen. Mujeres que han llegado a lo más alto del poder político europeo, que han presidido gobiernos, instituciones y reuniones clave. Pero... mirad las fotos. Miradlas bien. Merkel o Von der Leyen, siempre rodeadas de hombres con el mismo traje gris, la misma corbata aburrida, el mismo corte de pelo de funcionario europeo. Una especie de *copy-paste* masculino que solo interrumpe una única figura femenina en el centro. Y ni siquiera eso cambia el escenario: solo lo decora. El problema no es que haya pocas mujeres en la mesa, el problema es que la mesa ha sido construida por hombres, con reglas de juego pensadas para ellos y perpetuadas durante siglos. Hatshepsut lo entendió perfectamente: si quería reinar, tenía que dejar de ser ella misma y convertirse en símbolo, en faraón, en dios. Hoy, milenios después, la dinámica no ha cambiado tanto como nos gustaría pensar. Una mujer que llega al poder no cambia el escenario —lo confirma—. Porque su presencia excepcional es utilizada, a menudo, para demostrar que el sistema es abierto... cuando en realidad el sistema continúa exigiendo que todo cambio pase por su validación. Que el poder se feminice no significa que se transforme. Aún hay demasiadas Hatshepsut disfrazadas entre trajes grises.

Sí, Hatshepsut reinó como faraón de Egipto. Merkel gobernó Alemania. Von der Leyen preside la Comisión Europea. Pero si la excepción todavía es noticia, es que la norma no ha cambiado. Y si los hombres que las rodean continúan todos vestidos igual, quizá no es solo cuestión de indumentaria, sino de mentalidad.

Ajenatón (*c.* 1335 a. e. c.) y el intento de una reforma religiosa

Ajenatón no fue un visionario. No fue un reformador. No fue un adelantado a su tiempo. Fue un fanático con poder absoluto. Un hombre obsesionado con controlar no solo el presente político de su país, sino también la forma en que el pueblo pensaba, creía y entendía el universo. Nacido con el nombre de Amenhotep IV, hijo de Amenhotep III y la reina Tiy, accedió al trono de Egipto a mediados del siglo XIV a. e. c., en un momento de prosperidad, estabilidad y esplendor. Pero eso no lo satisfizo. Él quería reescribirlo todo. Y para hacerlo, empezó destruyéndolo.

Cambió su nombre por Ajenatón —«La luz de Atón»— y se lanzó a imponer la primera forma de monoteísmo documentada de la historia de la humanidad, iniciando una reforma religiosa sin precedentes. Abandonó los cultos tradicionales e impuso la adoración a un único dios: Atón. Un dios invisible, sin rostro, sin templos colosales. Un dios único, omnipotente, omnipresente, omnisciente, demiurgo creador de todo.

Pero no nos dejemos engañar: Atón no era más que una excusa para concentrar el poder en una sola figura —él mismo—. Porque, si solo hay un dios, y este dios solo habla a través del faraón, entonces el faraón se convierte en intocable. Y eso es exactamente lo que Ajenatón quería.

Trasladó la capital de Tebas a una ciudad nueva, construida desde cero y consagrada al nuevo dios: Ajetatón, literalmente «el horizonte de Atón» (la actual Tell el-Amarna). Allí, con la reina Nefertiti a su lado, intentó fundar una nueva forma de religión, de gobierno y, en definitiva, de mundo. ¿El problema? Todo esto estaba pensado para que el centro absoluto de este mundo fuera él mismo.

El dios único no acepta competencia

Esto nos tiene que sonar. De hecho, nos tendría que chirriar con fuerza. El modelo que Ajenatón instauró no es tan distinto del que, milenios después, repiten las instituciones religiosas monoteístas de hoy. El papa de Roma, por ejemplo, continúa presentándose como el vicario de Cristo, el representante de Dios en la Tierra. ¿Y el cónclave que lo elige? Un círculo cerrado de hombres, ni una sola mujer. Solo cardenales, vestidos con faldas largas pero sin rastro de feminidad. ¿Qué siglo es este, exactamente? Como mujer, ¿cómo puedo sentirme representada por una institución que me excluye del poder espiritual más alto? ¿Por qué tendría que creer en una jerarquía que no me quiere dentro?

Y eso no es exclusivo del cristianismo. Lo mismo pasa en otras tradiciones monoteístas. Los rabinos dentro del judaísmo ortodoxo, los imanes en el islam, los sacerdotes en muchas ramas del cristianismo... Hombres. Siempre hombres. Hombres que hablan en nombre de un dios, que nos dicen qué quiere Dios, qué espera de nosotros, cómo debemos vivir, amar, reproducirnos, morir. Pero, en realidad, lo que hacen es exactamente lo que hacía Ajenatón: atribuirse una autoridad divina y excluyente, construida sobre la estructura del poder patriarcal más viejo que existe. El de la religión que se presenta como revelada, pero que está escrita, dicha, interpretada y legitimada siempre desde lo masculino.

El caso de Ajenatón es especialmente revelador porque nos permite ver los fundamentos ideológicos de este modelo. Lo que da miedo no es que creara una religión nueva, sino que se colocara a sí mismo como único intérprete válido de lo que «quiere» el dios. Y si esto no es una definición perfecta de teocracia manipuladora, ya me diréis qué lo es. Nefertiti, su reina, lo acompañaba a las ceremonias, aparecía en escenas religiosas, en algunos momentos casi al mismo nivel que él. Pero no nos dejemos engañar: el sistema seguía siendo masculino, jerárquico, vertical. Ella estaba, sí, pero mandaba él. Y Atón solo hablaba a través de él. La época de Amarna no era Netflix: solo había un canal. Y este canal se llamaba Ajenatón.

La verdad es que detrás de cada mensaje divino hay una voz humana. Y, si miramos bien, casi siempre es una voz de hombre. Que el papa se presente como representante de Dios en la Tierra, sin que haya sido votado por ninguna mujer ni elegido por ninguna asamblea plural, es lo mismo que Ajenatón colocándose en el centro del universo religioso egipcio. Un hombre, rodeado de rituales, símbolos y palabras sagradas, que decide qué es sagrado y qué no.

Ajenatón no solo instauró una religión nueva. Instauró una verdad única. Y esto es mucho más grave. Cuando alguien dice que solo hay un dios, y que solo él lo puede entender o interpretar, no está creando espiritualidad. Está construyendo poder absoluto. El monoteísmo ajenatónico no era una nueva forma de religión. Era una herramienta para controlarlo todo: el pensamiento, las prácticas, las ceremonias, las costumbres, los espacios sagrados y hasta el arte. Todo tenía que girar en torno de Atón. Y de él, su portavoz único: Ajenatón.

Y su revolución religiosa no solo tuvo consecuencias espirituales. También rompió el equilibrio social. Una de las primeras medidas de Ajenatón fue eliminar una gran parte de la casta sacerdotal tradicional, sobre todo la vinculada al culto de Amón, en Tebas. Estos sacerdotes no eran simples religiosos: formaban una auténtica clase media con poder económico, político y cultural. Gestionaban templos, tierras, redistribuían recursos, daban trabajo y mantenían una cierta conexión entre la corte y el pueblo. Al destruir este tejido, Ajenatón concentró todo el poder en la corte y ensanchó brutalmente la distancia entre los privilegiados y la población egipcia, que era —como casi siempre— mayoritariamente campesina. Con el colapso de los templos tradicionales, también se hundió una parte de la vida cotidiana, de los ritos locales, de las festividades populares. El atonismo no fortaleció a Egipto: lo empobreció simbólica y materialmente.

No nos engañemos. Este tipo de religión no es más elevado ni más puro que los anteriores. Es, de hecho, más peligroso. Porque no deja espacio a la disidencia. No hay dioses rivales, ni cultos alternativos, ni templos locales. No hay debates ni pluralidad ni convivencia de creencias. Solo hay una verdad. Y esta verdad solo se puede expresar a través de un solo hombre. Cualquier otro dios, cualquier otra fe, cualquier otra manera de conectar con lo sagrado queda anulada, perseguida o ridiculizada. Esta es la naturaleza del monoteísmo cuando se presenta como absoluto: la exclusión total del otro.

Y aquí no podemos fingir que no hay paralelismos. Porque los hay, y muchos. El cristianismo institucional, el judaísmo ortodoxo o el islam más rigorista, todos comparten este mismo ADN ideológico: «Solo hay un Dios, y únicamente nosotros lo conocemos». Y todo lo que queda fuera de esta afirmación queda fuera de la verdad. Queda condenado. Queda considerado herético, infiel, desviado, impuro. Esta es, exactamente, la lógica de Ajenatón. Y debemos decirlo sin rodeos: es una lógica intolerante y profundamente peligrosa. No porque crea en Dios, sino porque niega cualquier otra manera de creer. Insisto: el problema no es creer en un dios. El problema es creer que solo ese dios es válido y que solo unos pocos hombres pueden hablar en su nombre.

Los sistemas monoteístas así concebidos no solo excluyen: silencian, expulsan y castigan. Y esto ha pasado —y continúa pasando— durante siglos. Y si hoy en día todavía hay quien justifica guerras, persecuciones, represión o censura en nombre de un dios único, es porque este modelo religioso fomenta una visión del mundo basada en el «nosotros contra ellos». La única verdad contra todas las mentiras. La fe correcta contra todas las desviaciones. El bien contra el mal. Esta mentalidad binaria es una receta perfecta para el odio, para la dominación y para la hipocresía institucional.

Y sí, solo hay que mirar los escándalos que salpican a las iglesias —especialmente la católica— para ver hasta qué punto esta estructura de poder que se presenta como sagrada ha sido utilizada para tapar, proteger y perpetuar abusos. Porque cuando solo unos pocos tienen el monopolio de la verdad y de la moral, pueden hacer lo que quieran y después bendecirse a sí mismos. Pocos sistemas son tan eficientes a la hora de proteger a los poderosos y silenciar a las víctimas como una religión monoteísta jerarquizada. Lo vimos con Ajenatón, y lo vemos aún hoy.

Y la historia puso las cosas en su sitio. Tras la muerte de Ajenatón, Egipto reaccionó como un cuerpo que rechaza un órgano trasplantado. Se abandonó la ciudad de Amarna, se restauraron los cultos tradicionales y, sobre todo, se borró su nombre y su memoria de todos los registros oficiales. Era como si no hubiera existido jamás. El pueblo, que no había pedido ningún dios único, ni ninguna revolución religiosa, recuperó su mundo plural, rico, diverso, imperfecto, pero suyo. Así es como acaban las verdades únicas impuestas por la fuerza: se convierten en errores que la historia quiere olvidar.

Ramsés II y la batalla de Qadesh (*c*. 1285 a. e. c.)

Ramsés II, de la dinastía XIX, es uno de los faraones más conocidos de la historia de Egipto. Reinó durante casi siete décadas y dejó un rastro monumental impresionante: templos, estatuas, obeliscos, inscripciones... Todo lo hizo a gran escala, incluida su propia leyenda. Pero si hay un episodio que resume a la perfección su estilo de gobierno y su relación con la verdad, es la célebre batalla de Qadesh.

Nos situamos en el siglo XIII a. e. c., en un momento de tensión política y militar entre Egipto y otro gran imperio de la época: los hititas. Un pueblo poderoso, con capital en Hattusa (en la actual Turquía), que había conseguido formar una coalición de estados hostiles a Egipto. Su rey, Muwatalli II, lideró esta alianza y plantó cara a Ramsés en el norte de la región siria, donde se encontraba la ciudad estratégica de Qadesh. Ramsés II acudió con el ejército egipcio dividido en cuatro fracciones y con un objetivo claro: recuperar la ciudad para Egipto.

Lo que pasó en Qadesh no es fácil de reconstruir. Pero lo que sí sabemos es que las cosas no fueron como Ramsés esperaba. Cayó en una emboscada, los hititas lo sorprendieron, y solo una acción desesperada y heroica —según él mismo cuenta— salvó al ejército de la destrucción total. No conquistó Qadesh. No deshizo la coalición enemiga. No firmó ninguna victoria rotunda. Y sin embargo… Ramsés volvió a Egipto como un héroe. Como el vencedor absoluto. Hizo grabar su «victoria» en los muros de los templos de todo el país, desde Karnak hasta Abu Simbel. Escenas de combate, discursos épicos, himnos a su valor. Qadesh se convirtió, a ojos de los egipcios, en una de las gestas más brillantes de su historia militar.

Pero… ganar, ¿qué significa exactamente?

Desde el punto de vista objetivo, Qadesh no fue una gran victoria egipcia. Como mucho, fue un empate con sabor a derrota. Ramsés no consiguió el objetivo principal de la campaña: la conquista de la ciudad. Tuvo que pactar, años después, con los hititas, firmando un tratado de paz que reconocía una especie de equilibrio incómodo. No lo escondió, pero tampoco lo destacó. Para él, la batalla ya estaba ganada. No en el campo de batalla, sino en el campo del relato.

Y aquí es donde empieza el verdadero poder de Ramsés II: no en su fuerza militar, sino en su capacidad de construir un discurso. Supo convertir una situación ambigua —y hasta frustrante— en una narración de gloria nacional. Y no hizo falta mentir del todo. Las fuentes egipcias no dicen que Ramsés conquistara Qadesh.

Lo que explican es que fue un gran líder, que luchó solo contra todo un ejército enemigo, que protegió a sus hombres y que impuso su presencia. En ningún momento dice textualmente «conquisté Qadesh». Pero tampoco era necesario. Para los egipcios, él era el faraón, la encarnación de un dios. Y si un dios dice que ha vencido, ¿quién osa dudarlo?

Aquí lo más interesante es que, en realidad, Ramsés no miente a su pueblo. Cuenta los hechos desde una óptica determinada, conveniente, heroica, llena de dramatización y de grandeza. Pero no hay falsedad, sino una versión de los hechos que prioriza el mensaje simbólico por encima del resultado estratégico. Y este matiz es fundamental. Porque la mentira descarada no funciona si quieres ser recordado como un héroe: lo que funciona es un mito que disfraza los grises y que convierte un «hemos sobrevivido» en un «hemos vencido».

Este mecanismo está terriblemente vigente. Y si miramos el mundo actual, vemos cómo se repite de manera descarnada. Pensemos en Vladímir Putin y la guerra de Ucrania. Putin no puede volver a Rusia diciendo que ha fracasado. No puede reconocer que ha topado con una resistencia inesperada, que ha perdido hombres, recursos, apoyo internacional. Él siempre dirá que ha ganado. Aunque no haya conquistado Kiev, aunque las sanciones lo ahoguen, aunque el conflicto se eternice. Y no es necesario que diga literalmente: «Somos los vencedores». Solo hay que controlar el relato. Exhibir desfiles, discursos, simbología. Convencer de que todo forma parte de un plan mayor.

Exactamente como Ramsés II. El faraón no regresaba con Qadesh, pero regresaba con el relato.

Cómo ganar sin ganar

Años después de la batalla de Qadesh, Ramsés II y Hattusili III (el nuevo rey hitita) firmaron un tratado de paz. Es un documento histórico excepcional: el primer acuerdo internacional de paz registrado y conservado en dos lenguas (hitita y egipcio antiguo), y con dos versiones diplomáticas ligeramente distintas según quien la explique —otra muestra de que el relato importa—. Este pacto reconocía la existencia de los dos imperios, establecía una alianza militar y, sobre todo, aceptaba que ninguno de los dos había vencido claramente. En lugar de un trofeo, Qadesh se convertía en un símbolo de equilibrio y de respeto mutuo. Una derrota compartida, disimulada bajo palabras elegantes.

Pero para el pueblo egipcio este matiz no existía. El relato ya había sido escrito, grabado en piedra, repetido en los templos. Ramsés II ya era el vencedor. Y, a partir de aquí, la verdad ya no importaba. Importaba lo que la gente veía, lo que recordaba, lo que quedaba fijado en la memoria colectiva.

Este uso estratégico del relato no es patrimonio del antiguo Egipto. En realidad, es más actual que nunca. Hoy, los líderes políticos de todo el mundo hacen exactamente lo mismo. Donald Trump perdió las elecciones presidenciales de los Estados Unidos de 2020 contra el candidato demócrata Joe Biden, pero todavía repite que le robaron la victoria. Benjamin Netanyahu justifica operaciones militares devastadoras con discursos de seguridad nacional, mientras esconde la realidad de las víctimas civiles. Vladímir Putin presenta la invasión de Ucrania como una «operación especial» para defender Rusia, evitando cualquier palabra que suene a guerra o a fracaso.

Y en todos estos casos, como en el de Ramsés, no se trata solo de mentir. Se trata de construir un relato tan potente que parezca más real que la propia realidad. De imponer una ficción colectiva que moviliza, justifica y legitima. Porque, al final, como ya sabían los antiguos egipcios, un relato sólido puede más que una victoria en el campo de batalla.

En este sentido, las victorias que proclamaban, como la de Ramsés II en la batalla de Qadesh, no eran necesariamente una verdad histórica, sino una declaración de fuerza y superioridad. Como Putin en la guerra de Ucrania o Trump en su política interna, Ramsés fue capaz de presentarse como un vencedor, pese a que los hechos de la batalla fueran ambiguos y no concluyentes. Estas narraciones de victoria son parte de un teatro mayor, donde el liderazgo no depende tanto del éxito real como de la capacidad de controlar el relato. La gente creía en estos relatos porque los faraones habían conseguido establecer un sistema de creencias y rituales que no solo los veneraba, sino que también les confería el poder para hacer y decir lo que quisieran, con una sensación de impunidad total.

Al final, la creación de poder es una cuestión de narración y aceptación. Tanto Ramsés II como los líderes contemporáneos —como Putin o Trump— utilizan sus propias historias para mantenerse a la cabeza. La historia es su gran aliada: si consiguen escribirla a su manera, pueden redefinir la realidad, hacer creer que son invencibles e incluso ganar respeto y poder para siempre. Así como los egipcios aceptaban al faraón como dios, hoy una gran parte de la población mundial se deja influir por estos líderes, que tienen la capacidad de crear discursos que les permiten mantener su poder frente a las evidencias o la realidad. El teatro del poder continúa independientemente del tiempo o del lugar, con las mismas estrategias que funcionaron en el antiguo Egipto.

Tenemos la percepción de que una guerra no puede acabar sin una «victoria». En este sentido, tanto Ramsés II como Putin parecen operar bajo la misma lógica: la guerra no puede ser vista como una pérdida, porque eso implicaría una ruptura del relato de la fuerza que han creado alrededor de su poder. Así como Ramsés creó una imagen de victoria para continuar gobernando Egipto, Putin utiliza la guerra para mantener su control sobre Rusia, incluso cuando el resultado es muy incierto. Porque, para Ramsés II (igual que para Putin o Trump), la victoria no es tanto una cuestión de hechos, sino de mantenerse como el líder incontestable, creando una imagen de fuerza e invencibilidad que, en última instancia, es más importante que cualquier otra cosa. La necesidad de declararse ganador, cuando las circunstancias no lo permiten, es un mecanismo de supervivencia política, una manera de evitar que la realidad rompa la construcción de poder que se ha creado a su alrededor.

Faraones que no van a la guerra

Hay, sin embargo, otra pregunta incómoda que es necesario plantear: ¿Ramsés II fue realmente a la guerra? ¿Fue él quien empuñó la espada, llamó a sus soldados y condujo personalmente el carro en medio del caos de Qadesh? Yo lo pongo seriamente en duda. Aún os diré más: no me lo creo. Porque el faraón no es un general más. El faraón es el eje simbólico de todo el universo egipcio. Es la encarnación viva de un dios. Y Egipto no puede permitirse poner en riesgo la vida de su dios. La guerra, como el poder, se juega a distancia. Es un escenario de cifras, órdenes y, sobre todo, de relato. Como en un juego de ajedrez, la partida se acaba cuando cae el rey. Y nadie —ni el alto mando egipcio, ni los sacerdotes, ni el pueblo— estaba dispuesto a jugarse la continuidad del país por el resultado de una sola batalla.

Cuando vemos a Ramsés representado luchando contra decenas de enemigos en las paredes de los templos, no estamos viendo una crónica bélica. No son fotografías. Son mensajes. Son símbolos. Ramsés no combate porque realmente lo haga, sino porque hay que mostrar que el caos ha sido sometido, que el orden egipcio triunfa, que el mundo continúa como debe ser. Su presencia en la guerra es una ficción necesaria para garantizar la ilusión de control absoluto. Pero la realidad es tozuda: la momia de Ramsés II, conservada en el Museo Nacional de la Civilización Egipcia de El Cairo, no presenta ninguna herida, ninguna marca de batalla, ningún signo de una vida expuesta al peligro. Es el cuerpo de un hombre que vivió mucho —94 años— y que murió de viejo. No parece el de un líder que se hubiera jugado el pellejo en el frente.

Pero esto no es exclusivo del antiguo Egipto. Hoy aún hay reyes y líderes políticos con títulos y medallas que no han pisado jamás un campo de batalla. El rey de España es «jefe supremo de las fuerzas armadas por tierra, mar y aire», pero no saldrá nunca de un despacho. La infanta Leonor, por mucho entrenamiento militar que reciba, no irá nunca a las trincheras. Se formará como símbolo, no como soldado. Tendrá uniformes, medallas y discursos. Pero no habrá sangre. Porque el poder real no lucha: ordena. Y, cuando es necesario, fabrica el relato. Como Ramsés. Como tantos otros.

Los faraones de Egipto, aquellos poderosos dioses sobre la Tierra, aquellos seres inmortalizados en monumentales pirámides, que ostentaban los poderes más absolutos en su reino, jamás, repito, jamás pusieron los pies en el campo de batalla. Los faraones, que ejercían un control tan feroz sobre el destino de su pueblo, no necesitaban luchar con sus propias manos. No, ellos eran los grandes estrategas que dirigían desde su cálida sala del trono, protegidos por un montón de lujos y privilegios que ni siquiera imaginaban las multitudes que vivían a su alrededor. Los faraones mandaban, sí, pero quienes debían luchar eran los soldados. Y estos, en su mayoría, no tenían ninguna opción, eran simplemente instrumentos de la voluntad de un hombre que nunca pisaría el barro de la guerra.

Ahora, si pensamos en los grandes líderes políticos de nuestro tiempo, como Donald Trump o Vladímir Putin (o, si vamos más atrás, Winston Churchill, Franklin D. Roosevelt, Harry S. Truman), no podemos evitar notar el parecido aterrador. Trump, Putin, y otros similares, también están ausentes de las líneas del frente. Nunca los veremos en la trinchera, nunca los veremos con el uniforme de guerra. Como los faraones, están sentados en despachos que, a su manera, también parecen tallados en piedra. Son los maestros de la manipulación, los arquitectos de las narrativas, y saben cómo construir la historia que les permite mantener el poder. Una historia en que la patria, la bandera, un hombre o hasta un dios son los elementos mágicos que tienen que convencer a los soldados para que luchen y mueran, mientras sus líderes siguen recibiendo elogios y vidas de lujo al otro lado del mundo.

Y así, igual que los faraones, estos líderes contemporáneos han aprendido a tejer el relato. La historia, como diría Yuval Noah Harari, es la herramienta más poderosa para controlar masas. Han creado una narrativa donde los soldados luchan por una causa grande, pero en realidad no es su causa. Los hombres de la trinchera no mueren por su tierra o por su familia; mueren por el relato, por una historia inventada que les han vendido. ¿Y los líderes? Ellos permanecen seguros, lejos del conflicto, sin mancharse las manos, siempre con el control sobre el curso de los acontecimientos. Y es que, al fin y al cabo, el faraón nunca fue a la guerra, y ni Trump ni Putin lo harán. Ellos luchan en los despachos, donde las vidas de los demás son piezas de un gran tablero de juego que ni siquiera les afecta directamente.

Pero quizá, si somos un poco honestos con nosotros mismos, la pregunta que tenemos que hacernos es: ¿qué diferencia hay entre un faraón del antiguo Egipto y un líder político actual?

Quizá la respuesta es más sencilla de lo que nos gusta pensar.

Epílogo

El poder del faraón se fundamentaba, por tanto, en una fe colectiva profundamente arraigada y sostenida por todo un aparato simbólico, religioso y arquitectónico. La crítica es el verdadero enemigo de cualquier régimen basado en la mitificación del líder. Por eso, los faraones eliminaron toda forma de oposición intelectual, haciendo desaparecer nombres de antecesores incómodos de las inscripciones, creando un relato oficial único e incuestionable. Esto no es distinto de las actuales estrategias de censura y desinformación utilizadas por gobernantes autoritarios o por magnates de la información que manipulan la percepción pública.

Esta estrategia funcionó durante milenios y continúa funcionando hoy. Los humanos no somos criaturas racionales por naturaleza; somos criaturas que necesitamos historias para dar sentido al mundo. Los grandes líderes y magnates, como Trump o Ramsés II, mantienen su poder gracias a narrativas creadas en la mente de las masas, historias que les permiten ejercer control e influencia. Esta creación de mitos es esencial para establecer y mantener el poder, convirtiendo lo que es una construcción social en una realidad indiscutible. Los faraones, como los líderes actuales, solo aprovecharon esta necesidad para consolidar un poder que parecía divino, que los hacía invulnerables ante cualquier forma de crítica u oposición, pero que, en realidad, no era más que una ilusión perfectamente diseñada.

Lo hemos visto a lo largo de estas páginas: las grandes civilizaciones se construyen alrededor de ficciones compartidas. Quéops no solo es un hombre, es una historia. El poder simbólico importa más que la persona concreta que lo ejerce. El faraón es una función, no un individuo. Lo que contaba era la continuidad del relato, no el género, ni la edad, ni la identidad personal de quien ocupaba el trono.

Las técnicas que los faraones utilizaron para consolidar su poder no han desaparecido hoy. En la actualidad, los líderes mundiales, desde multimillonarios hasta dictadores, utilizan mecanismos similares para mantener su autoridad. Así como Ramsés II se presentó como el ganador absoluto de la batalla de Qadesh —aunque el resultado real fuera una tregua incómoda—, muchos políticos modernos construyen una imagen de triunfadores imbatibles a partir de los medios de comunicación y las redes sociales.

Cuando Donald Trump se proclama a sí mismo «el mejor presidente de la historia de Estados Unidos» o cuando empresarios como Elon Musk se proyectan como genios visionarios capaces de llevar a la humanidad a Marte, no están haciendo otra cosa que construir mitos modernos, siguiendo el ejemplo de los antiguos faraones. No importa si su grandeza es real o no; lo que importa es que millones de personas crean en ella.

Venerar el poder es el primer error

Los faraones de Egipto, aquellos dioses terrenales, tenían una visión clarísima del poder: controlar todo cuanto les rodeaba, mantenerse por encima de las masas y ser venerados como figuras incomparables. Cuando observamos el panorama tecnológico actual, parece que no hemos avanzado demasiado en este sentido. Ahora, los faraones se disfrazan de magnates de la tecnología, con nombres como Elon Musk y Mark Zuckerberg. Y, sinceramente, el parecido es aterrador.

Elon Musk, el «visionario» que ha construido un imperio con SpaceX y Tesla, es un perfecto ejemplo de este nuevo faraón de nuestra era. Si un faraón de Egipto consideraba que podía controlar el destino de todo un reino sin levantarse de su silla dorada, Musk, a su manera, también lo hace. Él, como el faraón, vive en una realidad paralela, desconoce la vida cotidiana de la gente que trabaja para él y tiene un ego tan desmesurado que sus *tuits* tienen el poder de mover mercados y cambiar la economía mundial en un segundo. Musk no tiene ningún interés real en la batalla diaria de las personas comunes; sus «soldados» son los trabajadores anónimos de las fábricas y los empleados que construyen sus ideales tecnológicos, a menudo trabajando en condiciones que él jamás tiene que experimentar. Y, mientras ellos luchan para llegar a fin de mes, él crea un universo privado donde todo gira a su alrededor, sin ningún tipo de responsabilidad hacia los que realmente alimentan su riqueza. Un verdadero faraón moderno, con el poder de encender o apagar vidas con solo un gesto.

¿Y qué pasa con Mark Zuckerberg? Si Musk es el faraón del cosmos, Zuckerberg es el faraón de la realidad virtual. El hombre que construyó su imperio a base de explotar los datos de miles de millones de personas, creando un mundo donde el valor de un individuo se mide según tópicos repetidos. Me gusta pensar que, si estuviera en el antiguo Egipto, las pirámides de Facebook (ahora Meta) serían aún mayores que las de Guiza. Zuckerberg, como los grandes faraones, no quiere una verdadera conexión con sus «súbditos» o «seguidores». Él no quiere entender la vida de las personas que pasan horas en su plataforma; quiere controlar la narrativa, decidir qué se ve y qué no, e influir en las decisiones políticas a escala global, todo mientras nos hace creer que nos está «conectando». De la misma forma que los faraones manipulaban la religión y la ley para mantener su poder, Zuckerberg manipula la información y las percepciones de millones de personas con el objetivo de mantener su imperio intacto, sin importar las consecuencias sociales, políticas o personales.

Y así, como los faraones que nunca vieron la sangre de la guerra, estos magnates de la tecnología no tienen la necesidad de ensuciarse las manos. En lugar de eso, ellos manipulan desde sus lujosos despachos, tejiendo una red de poder que afecta a millones, si no miles de millones, de personas por todo el mundo. Ellos son los dioses de este nuevo mundo, invisibles para la mayoría, pero con el poder de destruir o crear imperios. Solo que, en lugar de hacerlo con espadas y ejércitos, lo hacen con algoritmos y datos, con la misma indiferencia y crueldad que cualquier faraón del antiguo Egipto.

Pero aquí viene la verdad más aterradora: los faraones de ayer eran temidos por su capacidad de dominar los cuerpos de sus tierras. Los faraones de hoy, como Musk o Zuckerberg, dominan las mentes de las masas, y eso, si miramos la historia, puede ser incluso más peligroso.

Reflexión final

Llevo más de veinticinco años estudiando a los faraones. Leyendo sobre ellos. Interpretándolos. Tratando de reconstruir sus historias. Y, de tanto repetir sus nombres, a veces tengo la sensación de que nos conocemos. Como si fuéramos viejos amigos. Pero la verdad es que cada vez los entiendo menos. Y menos aún entiendo la fascinación que despiertan. Porque, si miramos fríamente todo lo que hemos explicado, el panorama es desolador. Quéops construyó una montaña de piedra para glorificarse a sí mismo. Una tumba descomunal que no servía para nada más que alimentar su ego. Seqenenre-Taa II encendió la primera gran hoguera del discurso de odio, echando a los hicsos por la simple razón de que no eran «de los nuestros». Hatshepsut, por muy inteligente y hábil que fuera, solo pudo reinar porque jugó con las reglas de los hombres. Ninguna revolución, ningún cambio profundo. Solo una excepción que no transformó nada. ¿Ajenatón? Un iluminado. Un fanático. Un déspota disfrazado de profeta. Y Ramsés II… Ay, Ramsés. Volvió de una guerra que no ganó y, sin ningún problema, hizo grabar en los templos que él, y solo él, había sido el vencedor. Todo para mantener intacta su imagen divina. Y si no ha cambiado nada… es porque nosotros tampoco hemos cambiado. Todavía seguimos venerando a líderes así. Todavía confundimos grandeza con poder, épica con propaganda, control con inteligencia.

Y pese a todo… nos atraen. Nos fascinan. Nos emocionan. Quizá porque son el reflejo de lo que somos, o de lo que nos da miedo reconocer que somos. Nos gusta pensar que los faraones eran líderes excepcionales, capaces de mover a pueblos enteros, de construir imperios, de dominar el mundo conocido. Pero la verdad es mucho más incómoda: eran egocéntricos, prepotentes, manipuladores. Y, a menudo, mucho más ridículos que gloriosos.

Pero sí, los conozco bien. Quizá demasiado bien. Y, sin embargo, los continúo estudiando. No porque los admire, sino porque necesito entender por qué continuamos venerándolos. Por qué aún hoy seguimos buscando faraones con corbata, con uniforme, con toga o con mitra. Y quizás este libro no cambiará nada. Pero, como mínimo, que quede claro: yo no los venero. Los conozco. Los analizo. Y los desmonto. Porque quizá la única manera de romper el hechizo es mirarlos de verdad, sin miedo, sin romanticismos, y decirlo bien alto: los faraones no eran dioses. Eran hombres. Y no demasiado ejemplares.

La gran lección que se extrae de esto es clara: somos nosotros, la población, quienes otorgamos poder a los grandes líderes, tanto a los del pasado como a los que hoy nos gobiernan. Somos nosotros quienes les damos este ego desmesurado y esta capacidad de acumular poder, porque, al final, somos nosotros quienes decidimos qué nombres perduran en la historia. Y solo nosotros tenemos en nuestras manos la capacidad de hacer que estos líderes sean recordados, incluso convertidos en inmortales. Eudald Carbonell, con toda su agudeza, tiene toda la razón cuando afirma que «somos una especie imbécil». Una especie que repite los mismos errores una y otra vez, y que aún se entretiene en mirar al pasado buscando héroes donde solo había hombres con miedo, con hambre de poder y con muy poca empatía. Pero... ¿nos daremos cuenta alguna vez de nuestra propia responsabilidad?